Petra Kummermehr (Hg.)
Schenk deiner Seele Flügel

Petra Kummermehr (Hg.)

Schenk deiner Seele Flügel

Texte zum Innehalten

Kaufmann Verlag

Bibliografische Information der Deutschen Bibliothek

Die Deutsche Bibliothek verzeichnet diese Publikation
in der Deutschen Nationalbibliografie; detaillierte bibliografische
Daten sind im Internet über http://dnb.ddb.de abrufbar.

1. Auflage 2015
© 2015 Verlag Ernst Kaufmann, Lahr

Umschlagabbildung: © Gabrielle Maltini – Fotolia.com
Druck und Bindung: CPI books, Ulm

ISBN 978-3-7806-3155-8

Inhalt

Vorwort

„Halt an, wo läufst du hin?
Der Himmel ist in dir."

Diese Worte, die Angelus Silesius vor über 300 Jahren geschrieben hat, werden wohl immer aktuell bleiben. Vielleicht sind sie im Moment sogar aktueller denn je.
Unser Leben wird immer schneller, unsere Handlungen werden immer effektiver; wir versuchen jede Minute sinnvoll zu „nutzen", um möglichst viel in kürzester Zeit zu erledigen. Und obwohl wir im Laufe des Tages, dank unserer antrainierten Multitasking-Fähigkeiten, wirklich viele Dinge auf unseren To-do-Listen abgearbeitet haben, bleibt am Ende des Tages dennoch das Gefühl zurück, doch nicht genug geschafft zu haben.
So kann ein Teufelskreis entstehen, bei dem so manches auf der Strecke bleibt, was wirklich wichtig ist. – Unsere Seele zum Beispiel. Die Verbindung zu unserem Inneren und die Verbindung zu Gott. Manchmal scheinen wir orientierungslos der Zeit hinterherzulaufen, obwohl wir das Wesentliche längst aus den Augen verloren haben. Dabei ist es so wichtig, immer wieder innezuhalten, einen Schritt zurückzutreten und sich Zeit zu nehmen. Damit wir in Verbindung blei-

ben können mit uns selbst, mit unseren Zielen, mit unseren Werten. Damit wir nicht gelebt werden, sondern unser eigenes Leben leben. Mit offenen Augen, achtsam und voller Vertrauen darauf, dass unser Leben gelingt.

Ich wünsche Ihnen Muße und viel Freude beim Lesen!

Ihre
Petra Kummermehr

Zeit für das Wesentliche

Nimm dir Zeit

Nimm dir Zeit zur Arbeit –
das ist der Preis für den Erfolg.

Nimm dir Zeit nachzudenken –
das ist die Quelle deiner Kraft.

Nimm dir Zeit zum Spielen –
das ist das Geheimnis ewiger Jugend.

Nimm dir Zeit zum Lachen –
das ist die Musik der Seele.

Nimm dir Zeit zum Lesen –
das ist der Ursprung der Weisheit.

Nimm dir Zeit, freundlich zu sein –
das ist der Weg zum Glück.

Nimm dir Zeit zum Träumen –
das ist der Weg zu den Sternen.

Nimm dir Zeit zum Beten –
es ist die größte Kraft auf Erden.

Nimm dir Zeit zum Schlafen –
es erneuert die Kräfte für Leib und Seele.

Nimm dir Zeit zum Leben –
um Gott zu finden, denn ohne ihn ist jede Zeit
vertane Zeit.

Alte irische Handschrift

Heute schon gelebt?

Es gibt Tage in meinem Leben, da komme ich abends heim und frage mich – was habe ich heute nun eigentlich „gemacht"? Gut, ich kann schon aufzählen, was ich gearbeitet habe. Aber irgendwie, ein komisches Gefühl bleibt zurück. Und dann merke ich auf einmal, dass die Frage „was habe ich heute eigentlich gemacht?" total falsch ist, dass sie eigentlich ganz anders lauten müsste, nämlich: Habe ich heute gelebt? ...

Von Pablo Neruda stammt der Satz: „Ich bekenne, ich habe gelebt." Das ist eigentlich ein Satz, den ich am liebsten jeden Abend zu meinem Gott sagen möchte: „Ich bekenne, ich habe heute gelebt. Heute habe ich das aus meinem Leben gemacht, was du mir als Veranlagung geschenkt hast. Ich habe heute geweint und gelacht, ich war neugierig und entspannt, ich habe anderen zugehört und bin übergeflossen vor Redseligkeit. Ich bekenne, ich habe gelebt."

Gott hat gewollt, dass wir leben – jetzt, heute, in diesem Moment. ... Leben heißt dabei nicht unbedingt andauernd glücklich sein – Leben heißt, bewusst sein eigenes Leben wahrnehmen, das Traurige ebenso wie das Schöne, beidem Raum geben, bewusst das Leben der anderen Menschen und der Schöpfung um sich herum wahrnehmen. ...

Für eine solche Art zu leben aber muss ich mich entscheiden. Sie ist sicher anstrengender, als sich leben zu lassen, mitzuschwimmen im Strom. Aber ich denke, sie ist auch um vieles reicher, voller, dichter. Wert – gelebt zu werden … von mir gelebt zu werden.
Haben Sie heute schon gelebt?

Andrea Schwarz

Die drei Fragen

Es dachte einmal ein König, nichts könne ihm missglücken, wenn er nur immer die Zeit wüsste, in der er ein Werk zu beginnen habe, und wenn er immer wüsste, mit welchen Menschen er sich einlassen solle und mit welchen nicht, und wenn er immer wüsste, welches von allen Werken das wichtigste sei. Es kamen gelehrte Männer zum König und gaben ihm mancherlei Antworten auf seine Fragen.
Auf seine erste Frage antworteten die einen, um für jedes Werk die rechte Zeit zu wissen, müsse man vorher eine Einteilung für den Tag, den

Monat und das Jahr aufstellen und sich streng an das halten, was für den einzelnen Tag festgesetzt ist. Andere sagten wieder anderes.

Ebenso verschieden lautete die Antwort auf die zweite Frage. Die einen sagten, die dem König unentbehrlichsten Männer seien die Staatsmänner, andere, die Priester und Seher. Die dritten erklärten, es seien die Ärzte, und die vierten behaupteten, es seien die Krieger.

Auf die dritte Frage, welches das wichtigste Werk sei, antworteten die einen, das sei die Wissenschaft, die anderen sprachen, die Kriegskunst, wieder andere nannten die Gottesverehrung. Alle Antworten waren verschieden.

Daher passte dem König keine einzige von ihnen, und er belohnte niemand. Um aber ganz genaue Antworten auf seine Fragen zu erhalten, entschloss er sich, einen Einsiedler zu befragen, dessen Weisheit in großem Rufe stand. Der Einsiedler lebte im Wald, verließ seine Wohnstätte nie und empfing nur einfache Leute. Darum zog der König ein schlichtes Gewand an, stieg vom Pferd weit vor der Klause des Einsiedlers, ließ sein Gefolge zurück und ging allein durch den Wald. Als der König sich dem Einsiedler näherte, grub dieser vor seiner Hütte die Beete um. Er erblickte den König, begrüßte ihn und grub ruhig weiter. Er war mager und schwach und keuchte schwer, indem er den Spaten in die Erde stieß und die kleinen Schollen umwandte. Der König trat an ihn heran und sprach: „Ich bin gekommen, weiser Einsiedler, um dich zu bitten, mir drei Fragen zu beantworten: Welches ist die Zeit, die man einhalten muss und nicht versäumen darf, um hinterher nichts bereuen zu müssen? Welche Leute sind die unentbehrlichsten? Mit welchen Leuten muss man sich mehr, mit welchen weniger befassen? … Welche Werke sind die wichtigsten, und welches von allen Werken muss daher zuerst getan werden?"

Der Einsiedler hörte dem König zu, antwortete aber nicht. Er spuckte in die Hände und begann wieder zu arbeiten. „Du bist erschöpft", sagte der König, „gib mir den Spaten und setze dich auf die Erde."

„Danke", erwiderte der Einsiedler, reichte dem König den Spaten und setzte sich auf die Erde nieder. Als der König zwei Beete umgegraben hatte, hielt er inne und wiederholte seine Fragen. Der Einsiedler antwortete nicht, stand auf und streckte die Hände nach dem Spaten aus. „Jetzt ruhe du, ich will nun …", sagte er. Der König aber gab den Spaten nicht her und fuhr fort zu graben. Es verging eine Stunde, eine zweite, die Sonne begann hinter den Bäumen zu verschwinden, da steckte der König den Spaten in die Erde und sagte: „Ich bin zu dir gekommen, weiser Mann, um auf meine Fragen eine Antwort zu erhalten. Wenn du nicht antworten kannst, so sag es doch, dann will ich nach Hause gehen."

„Sieh einmal, da kommt jemand gelaufen", sprach der Einsiedler, „lass sehen, wer das ist." Der König sah, dass in der Tat aus dem Walde ein bärtiger Mann gelaufen kam. Der hielt sich die Hände vor den Leib, und zwischen den Fingern sickerte Blut hervor. Als er bis zum König gelangt war, fiel er zu Boden, lag unbeweglich da und ächzte leise. Der König und der Einsiedler öffneten die Kleider des Mannes. In seinem Leib war eine tiefe Wunde. Der König wusch sie, so gut er konnte, und verband sie mit seinem Taschentuch und mit einem Handtuch des Einsiedlers. Aber das Blut hörte nicht auf zu strömen, und der König nahm zu wiederholten Malen den mit warmem Blut durchtränkten Verband ab, wusch die Wunde von neuem und verband sie wieder. Als das Blut endlich gestillt war, bat der Verwundete um Wasser. Der König trug frisches Wasser herbei und gab ihm zu trinken. Inzwischen war die Sonne untergegangen, und es war kühl geworden. Mit Hilfe des Einsiedlers trug der König den Verwundeten in die Klause und legte ihn aufs Bett. Der Verwundete schloss die Augen und wurde still. Der König aber war so ermüdet, dass er, auf der Schwelle zusammengekauert, ebenfalls einschlief, und zwar so fest, dass er die ganze kurze Sommernacht verschlief.

Als er am Morgen erwachte, konnte er lange nicht begreifen, wo er war und wer dieser sonderbare bärtige Mann war, der auf dem Lager ausgestreckt lag und ihn unausgesetzt mit leuchtenden Augen ansah. „Verzeih mir", sprach der bärtige Mann mit schwacher Stimme, als er bemerkte, dass der König erwacht war und ihn anblickte. „Ich kenne dich nicht und habe dir nichts zu verzeihen", erwiderte der König. „Du kennst mich nicht, aber ich kenne dich. Ich bin dein Feind, jener Feind, der geschworen hat, an dir Rache zu nehmen, weil du meinen Bruder hingerichtet und meine Güter genommen hast. Ich habe dich töten wollen, und du hast mir das Leben gerettet. Von nun an, wenn ich am Leben bleibe, und wenn es dir recht ist, will ich dir als dein treuester Gefolgsmann dienen, und auch meinen Söhnen will ich das zu tun befehlen. Verzeihe mir!"

Der König war sehr froh darüber, dass es ihm so leicht gelungen war, sich mit seinem Feinde auszusöhnen, und er verzieh ihm nicht nur, sondern versprach auch, ihm seine Güter zurückzugeben und ihm außerdem seine Diener und seinen Arzt zu schicken.

Als er sich von dem Verwundeten verabschiedet hatte, trat der König hinaus auf die Vortreppe und suchte mit seinen Augen den Einsiedler. Er war draußen bei den Beeten, die er gestern umgegraben hatte, kniete am Boden und säte Gemüsesamen. Der König trat an ihn heran und sprach: „Zum letzten Mal, du weiser Mann, bitte ich dich, meine Fragen zu beantworten!" „Aber du hast ja deine Antwort schon bekommen!", erwiderte der Einsiedler. Er richtete sich auf und sah den König an. „Ich sollte Antwort bekommen haben?", fragte der König. „Natürlich", erwiderte der Einsiedler. „Hättest du gestern nicht Mitleid mit meiner Schwachheit gehabt und diese Beete umgegraben, sondern wärst du allein zurückgegangen, so hätte dieser Mann dich überfallen, und du hättest bereut, dass du nicht bei mir geblieben bist. Somit war die richtige Zeit jene, als du die Beete umgrubst, und ich war der wichtigste Mann, und das wichtigste Werk war, mir Gutes zu tun. Dann, als jener Mann angelaufen kam, war die wichtigste Zeit, seiner zu pflegen, denn sonst wäre er verblutet, ohne dass er sich mit dir versöhnt hätte. Er war für dich der wichtigste Mensch, und das, was du ihm getan hast, war das wichtigste Werk."

Merke dir – die wichtigste Zeit ist nur eine: der AUGENBLICK. Nur über ihn haben wir Gewalt. Der unentbehrlichste Mensch ist der, mit dem uns der Augenblick zusammenführt; denn niemand kann wissen, ob er noch je mit einem anderen zu tun haben wird. Das wichtigste Werk ist, ihm Gutes zu erweisen – denn nur dazu ward der Mensch ins Leben gesandt.

Leo N. Tolstoi

Zeit für wesentliche Dinge

Warum dich durch die Außendinge zerstreuen? Nimm dir Zeit, etwas Gutes zu lernen, und höre auf, dich wie im Wirbelwind umhertreiben zu lassen. Hüte dich noch vor einer anderen Verirrung, denn es ist auch Torheit, sich das Leben durch zwecklose Handlungen schwer zu machen; man muss ein Ziel haben, auf das sich alle unsere Wünsche, alle unsere Gedanken richten.

Marcus Aurelius

Die Wertschätzung
der kleinen Ereignisse

Die Wertschätzung eines kleinen Ereignisses mag manchem kleinlich scheinen, aber das Leben setzt sich eben nur aus kleinen Ereignissen zusammen, und wem die volle Empfindung für das Kleine fehlt, der wird überhaupt keinen großen Gewinn und Genuss von seinem Leben haben. Man braucht nicht in das Kleinliche zu verfallen, weil man sich des Kleinen und seiner einstigen Bedeutung für uns erinnert.

Fanny Lewald

Bekenntnisse entstehen beim Erzählen

Es gibt Sternstunden im Menschenleben. Etwa, wenn zwei Menschen nach langem Schweigen miteinander zu reden beginnen. Oder wenn sie nach bloßem Gerede zu einem ernsthaften Gespräch finden. Oder wenn einer sich endlich ein Herz fasst und ausspricht, was ihm zuinnerst wichtig ist, was er glaubt und wovon er lebt. Oft dauert es Jahrzehnte, bis jemand dieses Wagnis eingeht und sagt, was er erfahren und was danach seinen Weg bestimmt hat, bis er sagt, worauf er zugeht und was er erhofft, wenn er am Ende des Lebens über die Schwelle gehen wird. Eigentlich ist es seltsam: Unser Leben besteht in ständigem Reden, aber kaum je kommen Gedanken über unsere Lippen, um die es sich wirklich lohnt. Kaum je sagt einer: Lass uns darüber reden, was mit unserem Schicksal auf dieser Erde wirklich gemeint ist, was das ist, was wir Gott nennen! Was für ein Bild wir selbst von uns haben. Wofür wir wirklich dankbar sind. Was wir wahrhaft lieben. Was der Grund ist, auf dem wir stehen, trotz allem, das uns misslingt. Was das Wichtigste ist zwischen uns. Diese wunderseltenen Augenblicke sind zugleich die eigentlichen Lichtpunkte unserer Lebenszeit, die festlichen Augenblicke, die zu leben sich lohnt, sie sind wichtig und schön.

Jörg Zink

Eine kleine Freude

Die Gelegenheit, den Menschen große Dienste zu erweisen, ist nicht sehr häufig. Dagegen kann man auf Schritt und Tritt jemandem eine kleine Freude machen, wenn es auch bloß ein freundlicher Gruß wäre, der schon manches einsame und freudlose Dasein, wie ein Sonnenblick, erhellen kann.

Carl Hilty

Maria und Martha

Sie zogen weiter und er kam zu einem Markt. Dort war eine Frau namens Martha, die ihn mit zu ihrem Haus nahm. Und sie hatte eine Schwester, die Maria hieß; die setzte sich zu Jesu Füßen und hörte seiner Rede zu. Martha aber bemühte sich sehr, ihm zu dienen. Und sie trat hinzu und sprach: Herr, fragst du denn nicht danach, dass mich meine Schwester allein bedienen lässt? Sage ihr doch, dass sie mir helfen soll! Jesus aber antwortete und sprach zu ihr:

Martha, Martha, du hast Sorge und Mühe um vielerlei; aber nur weniges, ja nur eines ist wichtig. Maria hat das Bessere erwählt und das soll ihr nicht genommen werden.

Nach Lukas 10,38–42

Der Anfang des Tages

Der Anfang des Tages soll für den Christen nicht schon belastet und bedrängt sein durch das Vielerlei des Werktages. Über dem neuen Tag steht der Herr, der ihn gemacht hat. Alle Finsternis und Verworrenheit der Nacht mit ihren Träumen weicht allein dem klaren Licht Jesu Christi und seines erweckenden Wortes.
Vor ihm flieht alle Unruhe, alle Unreinheit, alle Sorge und Angst. Darum mögen in der Frühe des Tages die mancherlei Gedanken und die vielen unnützen Worte schweigen, und der erste Gedanke und das erste Wort möge dem gehören, dem unser ganzes Leben gehört.

Dietrich Bonhoeffer

Eine halbe Stunde

Ein Tag ohne Alleinsein, ohne Stille, ohne das Grün eines Baumes oder die Weite des Himmels ist kein gelebter Tag. Und wenn es nur eine halbe Stunde während des Tages ist oder abends vor dem Schlafengehen, wenn es nur ein Strauch ist, der vor dem Fenster grünt, oder ein paar Blumen in der Vase, das Wort eines Dichters, ein paar Takte Musik.

Theodor Hieck

Das Hinausschieben

Das Hinausschieben ist der größte Verlust fürs Leben; es verzettelt immer den nächsten Tag, es entreißt die Gegenwart, indem es auf die Zukunft verweist … Während man es aufschiebt, geht das Leben vorüber.

Seneca

Zeit für die eigenen Quellen

Je mehr ich gefordert bin, umso mehr brauche ich eine gute, gesunde Distanz zu den Ereignissen. Es gehört zur Tragik unserer westlichen Kultur, dass wir uns zu wenig Zeit nehmen, um Kraft zu schöpfen. Gerade in den Momenten unseres Lebens, in denen wir es besonders nötig haben, entziehen wir uns noch mehr der Möglichkeit des Auftankens.

Je mehr ich an meine körperlich-geistig-seelischen Grenzen komme, Panik mich einholt, umso mehr brauche ich die Kraft des Innehaltens, des Augenschließens, des tiefen Aufatmens. Nicht um hinter meinen Entfaltungsmöglichkeiten zu leben, sondern um vermehrt an meine Ressourcen (darin steckt das französische Wort source, Quelle) der Kreativität, des Mitfühlens, der Entschiedenheit zu gelangen …

Bei zunehmenden Sachzwängen und Belastungen verstärkt sich bei vielen die Gewissheit, jetzt sicher keine Zeit der Muße mehr zu haben. Die Gefahr ist groß, sich dadurch noch mehr in den Ereignissen zu verlieren und gelebt zu werden. Darum weisen Mystikerinnen und Mystiker der verschiedenen Religionen auf einen anderen Weg hin. Sie ermutigen, sich in Zeiten hoher Belastung erst recht Oasen der Stille, des Rückzugs zu schaffen, damit ich daran wachsen und reifen kann und nicht zerbreche.

„Fang damit an, dass du über dich selbst nachdenkst, damit du dich nicht selbstvergessen nach anderem ausstreckst! Was nützt es dir, wenn du die ganze Welt gewinnst und einzig dich verlierst? Keiner ist weise, der nicht über sich selbst Bescheid weiß. Ein Weiser muss zunächst in Weisheit sich selbst kennen und als Erster aus dem eigenen Brunnen Wasser trinken", schrieb Bernhard von Clairvaux (1090–1153). In einem Interview mit einem Studentenpfarrer lese ich, dass es in der Nachfolge Jesus schließlich nicht um Selbstwerdung gehe, sondern um Selbstlosigkeit. Diese Trennung kann ich nicht mehr nachvollziehen, seit ich eine mystische Spiritualität entdeckt habe.

Selbsterkenntnis ist für den berühmten Dichtermönch aus Clairvaux kein Sonntagsspaziergang, sondern eine anspruchsvolle Lebensaufgabe, um sich nicht zu verlieren in den vielen Aktivitäten und um auch mit durchkreuzten Lebensplänen umgehen zu können … Die Kraft dazu muss nicht allein aus mir selbst kommen, sondern im täglichen Schöpfen aus dem göttlichen Brunnen in mir kann ich mich entfalten und mich einsetzen für eine menschlichere Welt.

Erkenne dich selbst
finde den Zugang zu deinem inneren Brunnen
damit du nicht auf deine Mängel fixiert bleibst
sondern deine Entfaltungsmöglichkeiten entdeckst

Erkenne dich selbst
wage den Weg in deine eigene Tiefe
wo du erahnst was wesentlich ist im Leben
damit du Grenzen setzen kannst
zum Wohl der Gemeinschaft

Erkenne dich selbst
suche einen wohlwollenden Umgang mit dir
damit du in deinen Schwächen
jene Stärken erkennst
die dich befreiter im Leben stehen lassen

Erkenne dich selbst
lerne auszudrücken was du brauchst
um dich lösen zu können von dir selbst
im Erahnen wie du aufgehoben bist
in einem größeren Ganzen

Erkenne dich selbst
schaffe Distanz zu den Ereignissen
erfahre im tiefen Ein- und Ausatmen
den alles verbindenden Atem Gottes

Pierre Stutz

———

Gönne dich dir selbst

Wo soll ich anfangen? Am besten bei deinen zahlreichen Beschäftigungen, denn ihretwegen habe ich am meisten Mitleid mit dir. Ich fürchte, dass du, eingekeilt in deine zahlreichen Beschäftigungen, keinen Ausweg mehr siehst und deshalb deine Stirn verhärtest; dass du dich nach und nach des Gespürs für einen durchaus richtigen und heilsamen Schmerz entledigst. Es ist viel klüger, du entziehst dich von Zeit zu Zeit deinen Beschäftigungen, als dass sie dich ziehen und dich nach und nach an einen Punkt führen, an dem du nicht landen willst.

Du fragst, an welchen Punkt? An den Punkt, wo das Herz anfängt, hart zu werden. Frage nicht weiter, was damit gemeint sei: Wenn du jetzt nicht erschrickst, ist dein Herz schon so weit.

Das harte Herz ist allein; es ist sich selbst nicht zuwider, weil es sich selbst nicht spürt. Was fragst du mich? Keiner mit hartem Herzen hat jemals das Heil erlangt, es sei denn, Gott habe sich seiner erbarmt und ihm, wie der Prophet sagt, sein Herz aus Stein weggenommen und ihm ein Herz aus Fleisch gegeben. Wenn du dein ganzes Leben und Erleben völlig ins Tätigsein verlegst und keinen Raum mehr für Besinnung vorsiehst, soll ich dich da loben?

Darin lobe ich dich nicht. Ich glaube, niemand wird dich loben, der das Wort Salomons kennt: „Wer seine Tätigkeit einschränkt, erlangt Weisheit" (Sir 38,24). Und bestimmt ist es der Tätigkeit selbst nicht förderlich, wenn ihr nicht die Besinnung vorausgeht.

Wenn du ganz und gar für alle da sein willst, nach dem Beispiel dessen, der allen alles geworden ist (1. Kor 9,22), lobe ich deine Menschlichkeit – aber nur, wenn sie voll und echt ist. Wie kannst du aber voll und echt sein, wenn du dich selber verloren hast? Auch du bist ein Mensch. Damit deine Menschlichkeit allumfassend und vollkommen sein kann, musst du also nicht nur für alle anderen, sondern auch für dich selbst ein aufmerksames Herz haben.

Denn, was würde es dir nützen, wenn du – nach dem Wort des Herrn (Mt 16,26) – alle gewinnen, aber als Einzigen dich selbst verlieren würdest? Wenn also alle Menschen ein Recht auf dich haben, dann sei auch du selbst ein Mensch, der ein Recht auf sich selbst hat. Warum solltest einzig du selbst nicht von dir alles haben? Wie lange bist du noch ein Geist, der auszieht und nie wieder heimkehrt (Ps 78,39)? Wie lange noch schenkst du allen anderen deine Aufmerksamkeit, nur nicht dir selber? Ja, wer mit sich schlecht umgeht, wem kann der gut sein?

Denk also daran: Gönne dich dir selbst. Ich sage nicht: Tu das immer, ich sage nicht: Tu das oft, aber ich sage: Tu es immer wieder einmal. Sei wie für alle anderen auch für dich selbst da, oder jedenfalls sei es nach allen anderen.

Bernhard von Clairvaux

Auf den Flügeln der Seele

Stimme der Seele

Lass deine Augen offen sein,
geschlossen deinen Mund,
und wandle still,
so werden dir geheime Dinge kund.

Hermann Löns

Der Weg zu allem Großen
geht durch die Stille.

Friedrich Nietzsche

Spiegel der Seele

Ich empfehle Träume nochmals; wir leben und empfinden so gut im Traum als im Wachen und sind jenes so gut als dieses, es gehört mit unter die Vorzüge des Menschen, dass er träumt und es weiß. Man hat schwerlich noch den rechten Gebrauch davon gemacht. Der Traum ist ein Leben, das, mit unserem übrigen zusammengesetzt, das wird, was wir menschliches Leben nennen. Die Träume verlieren sich in unser Wachen allmählich herein, man kann nicht sagen, wo das Wachen eines Menschen anfängt.

Georg Lichtenberg

Alte Mythen

Wie sollten wir jener alten Mythen vergessen können, die am Anfange aller Völker stehen, der Mythen von den Drachen, die sich im äußersten Augenblick in Prinzessinnen verwandeln; vielleicht sind alle Drachen unseres Lebens Prinzessinnen, die nur darauf warten, uns einmal schön und mutig zu sehen. Vielleicht ist alles Schreckliche im tiefsten Grunde das Hilflose, das von uns Hilfe will. Da dürfen Sie [...] nicht erschrecken, wenn eine Traurigkeit vor Ihnen sich aufhebt, so groß, wie Sie noch keine gesehen haben; wenn eine Unruhe, wie Licht und Wolkenschatten, über Ihre Hände geht und über all Ihr Tun. Sie müssen denken, dass etwas an Ihnen geschieht, dass das Leben Sie nicht vergessen hat, dass es Sie in der Hand hält; es wird Sie nicht fallen lassen. Warum wollen Sie irgendeine Schwermut von Ihrem Leben ausschließen, da Sie doch nicht wissen, was diese Zustände an Ihnen arbeiten? Warum wollen Sie sich mit der Frage verfolgen, woher das alles kommen mag und wohin es will? Da Sie doch wissen, dass sie in den Übergängen sind, und nichts so sehr wünschten, als sich zu verwandeln.

Rainer Maria Rilke

Der Himmel ist in dir

Halt an, wo läufst du hin?
Der Himmel ist in dir.
Suchst du ihn anderswo,
du fehlst ihn für und für.

Angelus Silesius

Kraft der Seele

Die Tiefe der Menschenseele
birgt unergründliche Kräfte,
weil Gott selbst
in ihr wohnt.

Franz von Assisi

Was ist die Seele?

Im Jahre 1668 dichtete Angelus Silesius: „Wer seine Seel zu finden meint, wird sie ohn mich verlieren. Wer sie um mich verlieren scheint, wird sie nach Hause führen." 1975 meinten die Herausgeber des Gotteslobes, sie müssten sich für das Wort „Seele" entschuldigen. Es würde „Leben" bedeuten. Das Wort Seele passte nicht mehr in die Spiritualität der Siebzigerjahre. Doch mit der Vermeidung dieses uralten Wortes vergaß man die vielen Weisheiten, die die Sprache seit Jahrhunderten mit der Seele verbunden hat. Heute spüren wir, dass uns die Seelenvergessenheit nicht guttut. Wenn wir heute von Seele sprechen, dann hat das nicht mehr nur mit der Vorstellung zu tun, die der griechische Philosoph Platon oder die thomistische Philosophie davon hatten. Wir meinen all das, was die Philosophie, die Literatur, die Theologie, die Tiefenpsychologie, die Spiritualität und die Mystik mit diesem Wort verbindet. Die Seele verweist uns auf die Innerlichkeit des Menschen, auf den inneren Raum, in dem der Mensch mit seinem wahren Selbst in Berührung kommt, in dem er etwas vom ursprünglichen Glanz seines Menschseins ahnt. Das Sprechen von der Seele beflügelt uns. Es schenkt uns etwas von Leichtigkeit.

Die Theologie der Siebzigerjahre war skeptisch gegenüber der Seele, weil sie die Seele zu sehr im Gegensatz zum Leib gesehen hat. Sie hatte Angst, die Ganzheitlichkeit des Menschen werde außer Acht gelassen. Und sie befürchtete eine allzu jenseitige Orientierung des Menschen, der dann vielleicht nur darauf aus wäre, seine Seele für die Ewigkeit zu retten. Die Seele reicht durchaus über diese Welt und diese Zeit hinaus. Aber gerade das befähigt uns, hier mit beiden Füßen auf dem Boden zu stehen, an der Gestaltung dieser Welt zu arbeiten und uns zugleich mit den Flügeln der Seele über das unmittelbar Vorhandene erheben und so einen anderen Blick auf die Realität unseres Lebens werfen zu können.

Anselm Grün / Wunibald Müller

Auf die Seele hören

Wir müssen auf unsere Seele hören,
wenn wir gesund werden wollen!

Letztlich sind wir hier,
weil es kein Entrinnen vor uns selbst gibt.

Solange der Mensch sich nicht selbst
in den Augen und im Herzen
seiner Mitmenschen begegnet; ist er auf der Flucht.

Solange er nicht zulässt, dass seine Mitmenschen
an seinem Innersten teilhaben,
gibt es keine Geborgenheit.

Solange er sich fürchtet, durchschaut zu werden,
kann er weder sich noch andere erkennen –
er wird allein sein.

Alles ist mit allem verbunden.

Hildegard von Bingen

Sich selbst begegnen

Mögen sich viele Menschen auf den Weg machen, sich selbst zu begegnen, mögen sie in ihrem Leben die Gegenwart, die Kraft und das Licht ihrer Seele entdecken.

Mögen sie erkennen, dass sie niemals alleine sind, dass ihre Seelen sich durch den Glanz und ihre Zugehörigkeit aufs Innigste mit dem Rhythmus des Weltalls verbinden.

Mögen sie ihre Individualität und Verschiedenheit achten.

Mögen sie erkennen, dass die Gestalt ihrer Seele einzigartig ist, dass ihnen hier ein besonderes Schicksal beschieden ist, dass sich hinter der Fassade ihres Lebens etwas Schönes, Gutes und Ewiges ereignet.

Mögen sie lernen, ihr Selbst mit der gleichen Freude, dem gleichen Stolz und der gleichen Wonne zu betrachten, mit der Gott sie in jedem Augenblick gewahrt.

Irischer Segen

Im Grund meiner Seele

Was also, konkret gefragt, spielt sich im Grund meiner Seele ab? Ich stehe dort und höre – so berichten viele – ein sehr leises, aber deutliches Wort. Indem ich es höre, weiß ich zugleich, dass mich dieses Wort angeht und dass es Gott ist, der es spricht. Es ist ein gütiges, ein liebevolles Wort. Ich stehe dort und fühle mich – so berichten andere – zu Hause. Ich fühle, dass sich mir eine Liebe zuwendet, die nicht aus mir selbst ist. Ich stehe dort – so berichten Dritte – und finde eine Antwort auf das Gehörte, die ich sonst nicht gefunden hätte. Wieder andere reden von Bildern, die sie dort gesehen hätten, Bildern ihrer selbst, die sie trösten. Oder von Bildern, die ihre krausen Vorstellungen von Gott zurechtrücken. Oder von Bildern des Tuns und Lebens, die sie zu verwirklichen hätten. Oder von Bildern der Zukunft erlöster, befreiter Menschenkinder. Oder wie solche Gotteserfahrung immer geschehen mag.

Jörg Zink

Du meine Seele, singe

Du meine Seele, singe,
wohlauf und singe schön
dem, welchem alle Dinge
zu Dienst und Willen stehn.
Ich will den Herren droben
hier preisen auf der Erd;
ich will ihn herzlich loben,
solang ich leben werd.

Wohl dem, der einzig schauet
nach Jakobs Gott und Heil!
Wer dem sich anvertrauet,
der hat das beste Teil,
das höchste Gut erlesen,
den schönsten Schatz geliebt;
sein Herz und ganzes Wesen
bleibt ewig unbetrübt.

Hier sind die starken Kräfte,
die unerschöpfte Macht;
das weisen die Geschäfte,
die seine Hand gemacht:
der Himmel und die Erde
mit ihrem ganzen Heer,
der Fisch unzähl'ge Herde
im großen wilden Meer.

———

Hier sind die treuen Sinnen,
die niemand unrecht tun,
all denen Gutes gönnen,
die in der Treu beruhn.
Gott hält sein Wort mit Freuden,
und was er spricht, geschicht,
und wer Gewalt muss leiden,
den schützt er im Gericht.

Er weiß viel tausend Weisen,
zu retten aus dem Tod,
ernährt und gibet Speisen
zur Zeit der Hungersnot,
macht schöne rote Wangen
oft bei geringem Mahl,
und die da sind gefangen,
die reißt er aus der Qual.

Er ist das Licht der Blinden,
erleuchtet ihr Gesicht,
und die sich schwach befinden,
die stellt er aufgericht.
Er liebet alle Frommen,
und die ihm günstig seind,
die finden, wenn sie kommen,
an ihm den besten Freund.

Ach ich bin viel zu wenig,
zu rühmen seinen Ruhm;
der Herr allein ist König,
ich eine welke Blum.
Jedoch weil ich gehöre
gen Zion in sein Zelt,
ist's billig, dass ich mehre
sein Lob vor aller Welt.

Paul Gerhardt

Ein Psalm Davids

Lobe den Herrn, meine Seele, und was in mir ist, seinen heiligen Namen! Lobe den Herrn, meine Seele, und vergiss nicht, was er dir Gutes getan hat: der dir alle deine Sünden vergibt und heilet alle deine Gebrechen, der dein Leben vom Verderben erlöst, der dich krönt mit Gnade und Barmherzigkeit, der deinen Mund fröhlich macht, und du wieder jung wirst wie ein Adler. Der Herr schafft Gerechtigkeit und Gericht allen, die Unrecht leiden. Er hat seine Wege Mose wissen lassen, die Kinder Israels sein Tun. Barmherzig und gnädig ist der Herr, geduldig und von großer Güte. Er wird nicht immer hadern noch ewiglich Zorn halten. Er handelt nicht mit uns nach unsern Sünden und vergilt uns nicht nach unsrer Missetat. Denn so hoch der Himmel über der Erde ist, lässt er seine Gnade walten über die, die ihn fürchten. So ferne der Morgen ist vom Abend, lässt er unsre Übertretungen von uns sein. Wie sich ein Vater über seine Kinder erbarmt, so erbarmt sich der Herr über die, die ihn fürchten. Denn er weiß, was für ein Gebilde wir sind; er denkt daran, dass wir Staub sind. Ein Mensch ist in seinem Leben wie Gras, er blüht wie eine Blume auf dem Feld; wenn der Wind darübergeht, so ist sie nimmer da, und ihre Stätte kennt sie nicht mehr. Die Gnade des Herrn aber währet von Ewigkeit zu Ewigkeit über die, die ihn fürchten, und seine Gerechtigkeit auf Kindeskind bei denen, die seinen Bund halten und seine Gebote beachten. Der Herr hat seinen Stuhl im Himmel bereitet, und sein Reich herrscht über alles. Lobet den Herrn, ihr Engel, ihr Helden, die ihr seine Befehle ausrichtet, dass man auf die Stimme seines Wortes höre! Lobet den Herrn, alle seine Heerscharen, seine Diener, die ihr seinen Willen tut! Lobet den Herrn, alle seine Werke, an allen Orten seiner Herrschaft! Lobe den Herrn, meine Seele!

Psalm 103

Loslassen und vertrauen

Loslassen, was uns belastet

Loslassen befreit. Alles Schwere fällt von uns ab und innerer Frieden kann einkehren. Und doch sind wir oft nicht in der Lage loszulassen, was uns belastet. Wir halten fest an bestimmten Vorstellungen, Hoffnungen, Menschen – auch wenn wir merken, dass es uns schadet. Selbst wenn wir genau wissen, dass es falsch ist. Tief in uns steckt eine diffuse Angst vor Veränderungen, vor dem Unbekannten. Manchmal verharren wir lieber in unglücklichen Situationen oder in alten Denkmustern, als uns Wege zum Glück zu bahnen. Dabei wäre es so wohltuend, einfach loszulassen und offen zu sein für Neues. Zu schauen, was mir guttut: welche Gedanken, welche Menschen, welche Träume?

Petra Kummermehr

Der Herr ist mein Hirte

Der Herr ist mein Hirte;
nichts wird mir fehlen.
Er weidet mich auf grüner Aue
und führt mich zum frischen Wasser.
Er erquickt meine Seele;
er führt mich auf rechten Pfaden
um seines Namens willen.
Und wenn ich wandere im finstern Tal,
fürchte ich kein Unglück;
denn du bist bei mir,
du beschützt und tröstest mich.
Du bereitest vor mir einen Tisch
im Angesicht meiner Feinde.
Du salbst mein Haupt mit Öl
und schenkst mir,
was ich zum Leben brauche.
Güte und Barmherzigkeit
werden mir folgen mein Leben lang,
und ich werde wohnen
im Hause des Herrn immerdar.

Nach Psalm 23

Sorgt nicht!

Darum sage ich euch: Sorgt nicht für euer Leben, was ihr essen und trinken werdet, auch nicht für euren Leib, was ihr anziehen werdet. Ist nicht das Leben mehr denn Speise? Und der Leib mehr denn die Kleidung? Sehet die Vögel unter dem Himmel an: Sie säen nicht, sie ernten nicht, sie sammeln nicht in die Scheunen; und euer himmlischer Vater nährt sie doch. Seid ihr denn nicht viel mehr als sie? Wer ist aber unter euch, der seiner Länge eine Elle zusetzen möge, ob er gleich darum sorget? Und warum sorget ihr für die Kleidung? Schaut die Lilien auf dem Felde, wie sie wachsen: Sie arbeiten nicht, auch spinnen sie nicht. Ich sage euch, dass auch Salomo in aller seiner Herrlichkeit nicht bekleidet gewesen ist wie derselben eins. So denn Gott das Gras auf dem Felde also kleidet, das doch heute steht und morgen in den Ofen geworfen wird: Sollte er das nicht vielmehr euch tun, o ihr Kleingläubigen? Darum sollt ihr nicht sorgen und sagen: Was werden wir essen, was werden wir trinken, womit werden wir uns kleiden? Nach solchem allem trachten die Heiden. Denn euer himmlischer Vater weiß, dass ihr des alles bedürft. Trachtet am Ersten nach dem Reich Gottes und nach seiner Gerechtigkeit, so wird euch solches alles zufallen. Darum sorgt nicht für den andern Morgen; denn der morgige Tag wird für das Seine sorgen. Es ist genug, dass ein jeglicher Tag seine eigene Plage hat.

Matthäus 6,25–34

Das Wesentliche eines glücklichen Lebens

Vollständige Sorglosigkeit und eine unerschütterliche Zuversicht sind das Wesentliche eines glücklichen Lebens.

Seneca

Größeres Vertrauen

Wäre es uns möglich, weiter zu sehen, als unser Wissen reicht, und noch ein wenig über die Vorwerke unseres Ahnens hinaus, vielleicht würden wir dann unsere Traurigkeiten mit größerem Vertrauen ertragen als unsere Freuden. Denn sie sind die Augenblicke, da etwas Neues in uns eingetreten ist, etwas Unbekanntes; unsere Gefühle verstummen in scheuer Befangenheit, alles in uns tritt zurück, es entsteht eine Stille, und das Neue, das niemand kennt, steht mitten darin und schweigt.

Rainer Maria Rilke

Loslassen

Wie ginge es mir,
wenn ich loslassen könnte,
was mich belastet?

Was wäre anders?
Wie würde ich mich fühlen?

Negatives loslassen und
mich an Positivem erfreuen.
Aufhören, Vergangenem nachzutrauern, und
mir keine Sorgen mehr über die Zukunft machen.

Was hält mich davon ab?

Wäre es nicht befreiend,
vertrauensvoll in der Gegenwart zu leben?
Und dankbar zu sein
für die Menschen, die Erlebnisse und die Gedanken,
die mich glücklich machen.

Petra Kummermehr

Fröhlich sein

Ich habe nichts so gern wie fröhliche Menschen,
und kann ich's selber oft nicht sein, so liegt die
Schuld wahrhaft nicht an meinem guten Willen.
Am liebsten schlüg ich den ganzen Tag Rad,
spräng über Tisch und Bänke und wälzte mich
im grünen Rasen, den lachenden Himmel über
mir.

Theodor Fontane

Das Beste

Das Beste,
was wir auf der Welt tun können,
ist Gutes tun,
fröhlich sein,
und die Spatzen pfeifen lassen.

Don Bosco

Jetzt fliege ich

Ich habe gehen gelernt: Seitdem lasse ich mich laufen. Ich habe fliegen gelernt: Seitdem will ich nicht erst gestoßen sein, um von der Stelle zu kommen.
Jetzt bin ich leicht, jetzt fliege ich, jetzt sehe ich mich unter mir, jetzt tanzt ein Gott durch mich.

Friedrich Nietzsche

Bleibe nicht am Boden heften

Bleibe nicht am Boden heften,
Frisch gewagt und frisch hinaus!
Kopf und Arm mit heiteren Kräften,
Überall sind sie zu Haus.

Wo wir uns der Sonne freuen,
Sind wir jede Sorge los;
Dass wir uns in ihr zerstreuen,
Darum ist die Welt so groß.

Johann Wolfgang von Goethe

Niemand kann leben, ohne zu glauben

Jeder Mensch glaubt irgendetwas

Er glaubt sogar sehr viel,
auch wenn er meint, er glaube nichts.
Niemand kann von dem leben,
was er sehen und beweisen kann.
Niemand kann einen Menschen lieben,
wenn er nicht glauben will,
denn der andere kann ihm nicht beweisen,
dass er Vertrauen verdient.
Niemand kann etwas planen und tun,
ohne glauben zu wollen,
denn niemand weiß,
was die Zukunft bringt.
Hundert Vorgänge jeden Tag verlangen,
dass wir vertrauen,
dass wir irgendeinem Menschen
etwas glauben,
wenn wir mit ihm zusammenleben wollen.

Glauben heißt vertrauen

Wenn jemand glaubt, heißt das nicht, dass er etwas Unvernünftiges behauptet, weil er seinen Verstand nicht gebrauchen will, oder dass er etwas Ungenaues hinnimmt, weil nichts Genaues zu wissen ist.

Es heißt nicht, von einer jenseitigen Welt zu träumen, weil man die diesseitige nicht liebt, oder sich an Meinungen von gestern zu klammern, weil man mit der heutigen Zeit nicht zurechtkommt.

Wer glaubt, kann vertrauen, auch wo er nichts sieht. Er ist seiner Sache gewiss, auch wenn er keine Beweise hat. Er steht auf einem festen Grund, er sieht offenen Auges in die Welt und erwartet ein Gelingen, das er nicht erzwingen kann.

Der Glaube ist nicht der Traum, der ihm das Leben leichter macht, sondern die Grundlage für jedes Leben, das diesen Namen verdient.

Jörg Zink

Gottes tröstende Worte für sein Volk

Weißt du nicht? Hast du nicht gehört? Der Herr, der ewige Gott, der die Enden der Erde geschaffen hat, wird nicht müde noch matt; sein Verstand ist unergründlich. Er gibt den Müden Kraft, und Stärke genug dem Unvermögenden. Die Jungen werden müde und matt, und die jungen Männer fallen; aber die auf den Herrn harren, bekommen neue Kraft, dass sie auffahren mit Flügeln wie Adler, dass sie laufen und nicht matt werden, dass sie gehen und nicht müde werden.

Jesaja 40,28–31

Mut wünsche ich dir

Mut wünsche ich dir am hellen Tag
und auch in der dunklen Nacht.
Mut wünsche ich dir, wenn es dir leicht fällt,
und auch, wenn dich ein Sturm vernichten will.

Mut wünsche ich dir, wenn dir die Nachbarn
freundlich entgegenkommen und auch,
wenn sie feindselig sind.
Mut wünsche ich dir, zu dir selbst zu stehen
und dass Gott dir dazu helfe.

Irischer Segenswunsch

Gebet um Gelassenheit

Gott gebe mir Gelassenheit, Dinge
hinzunehmen, die ich nicht ändern kann.
Den Mut, Dinge zu ändern,
die ich ändern kann.
Und die Weisheit, das eine vom andern
zu unterscheiden.

Friedrich Oetinger

Leben in Gottes Hand

Vielleicht erleben Sie irgendwann, dass Ihnen Mächte gegenüberstehen, die Sie erbarmungslos im Griff haben. Politische oder wirtschaftliche, bekannte oder unbekannte, denen Sie nichts entgegenzusetzen haben. Glauben heißt dann, wissen, dass es in dieser Welt eine Macht gibt, ihnen allen überlegen. Es heißt dann, in den Schutz dieser Macht treten, die wir Gott nennen.

Vielleicht erleben Sie auch, dass Ihnen alles zwischen den Fingern zerrinnt, was Sie sich erhofft haben. Dass Ihnen alles misslingt, was Sie doch so gut gemeint hatten. Glauben heißt, darauf vertrauen, dass es neue Anfänge gibt, auch für ein gescheitertes Leben.

Glauben heißt, einen Weg gehen und dabei Erfahrungen machen. Es heißt, an solchen Erfahrungen festhalten. Es heißt auch, auf einen zurückgelegten Weg dankbar zurückschauen können. Mit Zuversicht auf einen neu beginnenden Weg vorausblicken. Es heißt, den ganzen Verlauf eines Lebens in einer guten Hand bewahrt wissen.

Jörg Zink

Die Stillung des Sturmes

Und an demselben Abend sprach er zu ihnen: Lasst uns hinüberfahren. Und sie ließen das Volk gehen und nahmen ihn im Schiff mit; und es waren noch mehr Schiffe bei ihnen. Und es erhob sich ein großer Windwirbel und warf Wellen in das Schiff, sodass das Schiff voll Wasser war. Er war hinten auf dem Schiff und schlief auf einem Kissen. Sie weckten ihn auf und sprachen zu ihm: Meister, fragst du nicht danach, dass wir untergehen? Da stand er auf und bedrohte den Wind und sprach zu dem Meer: Schweig und verstumme! Und der Wind legte sich, und es gab eine große Stille. Da sprach er zu ihnen: Wieso seid ihr so furchtsam? Habt ihr denn keinen Glauben? Und sie fürchteten sich sehr und sprachen zueinander: Wer ist er, dem Wind und Meer gehorsam sind?

Markus 4,35–41

Trotz den Stürmen des Lebens vertrauen

Die Situation des Seesturms ist typisch für unser menschliches Leben. Die Schifffahrt auf stürmischer See wurde von den frühen Kirchenvätern als Bild für unser zerbrechliches und gefährdetes Leben gesehen. So eine Situation schildert uns Markus in seinem Evangelium (Mk 4,35–41). Nach der großen Seerede vom Boot aus verabschiedet Jesus die Leute und gibt den Befehl, an das andere Ufer, das heidnische Ufer zu fahren. Es ist Abend geworden. Wenn Markus vom Abend und von der Nacht spricht (opsias), dann meint er immer die Nacht der dämonischen Bedrängnis. Wenn es dunkel wird, dann tauchen in der menschlichen Seele dämonische Mächte auf. Doch wenn es dunkel wird, wird Jesus am Kreuz die Macht der Dämonen besiegen. So lässt Markus immer schon den Sieg des Kreuzestodes Jesu in seinem Evangelium anklingen. Hier zeigen sich die Dämonen, indem sie die Naturkräfte gegen die Jünger aufbringen: „Plötzlich erhob sich ein heftiger Wirbelsturm, und die Wellen schlugen in das Boot, so dass es sich mit Wasser zu füllen begann." (4,37) Es ist schon erstaunlich, dass Jesus trotz dieses Sturmes und dem Schaukeln des Bootes hinten im Boot auf einem Kissen liegt und schläft. Jesus muss schon einen gesunden Schlaf gehabt haben, dass er vom Lärm der Wellen und vom Brausen des Windes nicht aufwachte. Vielleicht hat Markus auch mehr das Vertrauen Jesu im Blick, der sich von solchen Gefahren nicht beeindrucken lässt. Schlafen ist ja immer auch ein Symbol für das Ruhen in Gottes Händen. Mitten im Sturm ruht Jesus in Gott. Das ist ein Bild, wie wir die Stürme unseres Lebens überstehen können. Wenn wir uns mitten in der Angst in das Innere unserer Seele zurückziehen und dort in Gott ruhen, dann gehen die Wogen über uns hinweg. Aber sie können uns nicht verschlingen.

Anselm Grün

Die Heilung eines Blinden bei Jericho

Und sie kamen nach Jericho. Als Jesus und seine Jünger Jericho wieder verlassen wollten, trafen sie auf einen blinden Bettler, der Bartimäus hieß. Er saß am Wegesrand und bettelte. Als er aber hörte, dass es Jesus von Nazareth war, der an ihm vorüberging, fing er an zu rufen: „Jesu, Sohn Davids, habe Erbarmen mit mir." Und obwohl ihn viele aufforderten zu schweigen, rief er noch lauter: „Sohn Davids, habe Erbarmen mit mir!" Jesus hielt an. Er ließ Bartimäus zu sich kommen und fragte ihn: „Wie kann ich dir helfen?" Bartimäus antwortete: „Ich möchte wieder sehen können." Da sagte Jesus zu ihm: „Gehe hin; dein Glaube hat dir geholfen." Von nun an konnte er wieder sehen und folgte Jesus nach.

Nach Markus 10,46–52

Geliebt

gott segne
dein sein
mit allen facetten
trauer
und hoffnung
beständigkeit
und wandel
licht
und dunkel
und gott
segne dich
mit dem tiefen wissen
dass du
in all dem
geliebt bist
heute
und morgen
und für alle zeit

Katja Süß

Mit offenen Augen
durchs Leben

Wenn der Geist sich öffnet

Lausche aufmerksam auf die Geräusche
der Natur,
auf deine eigenen Gedanken,
deine inneren Empfindungen,
auf deine Emotionen
und die Reaktionen der Umgebung,
ohne Gewalt,
mit Liebe und Verehrung.
Dann wird dein Geist sich öffnen
wie eine Blüte am Morgen.

Indianische Weisheit

Ein Taumel von Frühling

Gestern sah ich einen Baum schon mit grünen
Knospen nach dem langen Winter – das ging
mir durchs Herz, dass mir beinahe Tränen in
die Augen kamen. So ist es mit mir: Es wächst
und blüht und treibt in mir, es ist ein Taumel von
Frühling um mich und in mir.

Arthur Schopenhauer

Eine neue Welt umgibt uns

Ja, es umgibt uns eine neue Welt!
Der Schatten dieser immer grünen Bäume
Wird schon erfreulich. Schon erquickt uns wieder
Das Rauschen dieser Brunnen, schwankend wiegen
Im Morgenwinde sich die jungen Zweige.
Die Blumen von den Beeten schauen uns
Mit ihren Kinderaugen freundlich an.
Der Gärtner deckt getrost das Winterhaus
Schon der Citronen und Orangen ab,
Der blaue Himmel ruhet über uns
Und an dem Horizonte lös't der Schnee
Der fernen Berge sich in leisen Duft.

Johann Wolfgang von Goethe

Der Geist unendlicher Hoffnungen

Es sind nicht die bunten Farben, die lustigen Töne, die warme Luft, die uns im Frühling so begeistern, es ist der stille weissagende Geist unendlicher Hoffnungen, ein Vorgefühl vieler froher Tage, die Ahnung höherer ewiger Blüten und Früchte, und die dunkle Sympathie mit der gesellig sich entfaltenden Welt.

Novalis

Offen sein

Alles Behagen am Leben ist auf eine regelmäßige Wiederkehr der äußeren Dinge gegründet, der Wechsel von Tag und Nacht, der Jahreszeiten, der Blüten und Früchte, und was uns sonst von Epoche zu Epoche entgegentritt, damit wir es genießen können und sollen: Diese sind die eigentlichen Triebfedern des irdischen Lebens. Je offener wir für diese Genüsse sind, desto glücklicher fühlen wir uns.

Johann Wolfgang von Goethe

Er ist's

Frühling lässt sein blaues Band
Wieder flattern durch die Lüfte;
Süße, wohlbekannte Düfte
Streifen ahnungsvoll das Land.
Veilchen träumen schon,
Wollen balde kommen.
Horch, von fern ein leiser Harfenton!
Frühling, ja du bist's!
Dich hab ich vernommen!

Eduard Mörike

Unendliche Lebenskraft

Ich war gern am Meere, seine Poesie war mir stets zugänglicher als die der Gebirge. Die große, unabsehbare Weite hatte etwas, worin mein Geist sich gern verlor, das Schrankenlose gab mir stets das Gefühl einer persönlichen Allmacht, denn wie weit das Auge auch trug, der Gedanke reichte darüber hinaus. Stundenlang habe ich […] dem Meeresleben in allen seinen Äußerungen gelauscht. Es war mir ein unaussprechlicher Genuss, das Meer in seiner Ruhe sich vor meinen Füßen ausbreiten zu sehen, und ein noch größeres Entzücken, wenn der Wind es aufjagte, wenn im fernen Westen die dunklen Wolken am Rande des Horizontes wie ein schwarzer Streif emporstiegen, wenn sie sich schnell über den ganzen Horizont verbreiteten, und wenn der Wind aufkam, sich zum Sturm gestaltete und Wolken und Wellen in wildem Jagen vor sich hertrieb. […] Man fühlt, als könnte man damit unendliche Lebenskraft in sich aufnehmen, und während man die Ohnmacht des Menschen gegen die Gewalt der Elemente klar vor Augen hat, trat und tritt mir noch heute das Bewusstsein freien, selbstherrlichen Wollens und Vermögens nie deutlicher hervor als gegenüber dem Sturm am Meere. Ja, auch ich kann sagen: „Ich liebe das Meer wie meine Seele!" Und ich habe niemals in der Gebirgswelt gelebt und vor ihrer starren Erhabenheit gestanden, ohne eine unbeschreibliche Sehnsucht nach dem Meere und seinem Leben und seiner Bewegung zu empfinden. Wenn ich mich krank gefühlt, hat mein ganzes Verlangen nach dem Meere gestanden, und ich könnte, wäre ich gezwungen, dauernd in Bergen zu leben, ein wahres Heimweh nicht nur nach dem Meere, sondern auch nach der freien Fernsicht der Ebenen bekommen.

Fanny Lewald

Eine wunderbare Heiterkeit

Eine wunderbare Heiterkeit hat meine ganze Seele eingenommen, gleich den süßen Frühlingsmorgen, die ich mit ganzem Herzen genieße. Ich bin allein und freue mich meines Lebens in dieser Gegend, die für solche Seelen geschaffen ist wie die meine. Ich bin so glücklich, mein Bester, so ganz in dem Gefühle von ruhigem Dasein versunken, dass meine Kunst darunter leidet.

Ich könnte jetzt nicht zeichnen, nicht einen Strich, und bin nie ein größerer Maler gewesen als in diesen Augenblicken.

Wenn das liebe Tal um mich dampft, und die hohe Sonne an der Oberfläche der undurchdringlichen Finsternis meines Waldes ruht, und nur einzelne Strahlen sich in das innere Heiligtum stehlen, ich dann im hohen Grase am fallenden Bache liege, und näher an der Erde tausend mannigfaltige Gräschen mir merkwürdig werden; wenn ich das Wimmeln der kleinen Welt zwischen Halmen, die unzähligen, unergründlichen Gestalten der Würmchen, der Mückchen näher an meinem Herzen fühle, und fühle die Gegenwart des Allmächtigen, der uns nach seinem Bilde schuf, das Wehen des Allliebenden, der uns in ewiger Wonne schwebend trägt und erhält; mein Freund! wenn's dann um meine Augen dämmert, und die Welt um mich her und der Himmel ganz in meiner Seele ruhn wie die Gestalt einer Geliebten – dann sehne ich mich oft und denke: Ach, könntest du das wieder ausdrücken, könntest du dem Papiere das einhauchen, was so voll, so warm in dir lebt, dass es würde der Spiegel deiner Seele, wie deine Seele ist der Spiegel des unendlichen Gottes!

Johann Wolfgang von Goethe

Denn dieser Tag kommt nie wieder

Beachten sie doch die Luft, die vom leidenschaftlichen Atem der letzten Lindenblüten schwer ist. Und den Glanz und die Herrlichkeit, die auf diesem Tag liegen. Denn dieser Tag kommt nie, nie wieder. Er ist ihnen geschenkt wie eine voll aufgeblühte Rose, die zu ihren Füßen liegt und die darauf wartet, dass sie sie aufheben und an die Lippen drücken.

Rosa Luxemburg

Leben

Mein ganzes Wesen ist wie durchsonnt, durchweht, berauscht, trunken von Mondschein auf lichtem Schnee. Schwer lagert er auf allen Ästen und Zweigen. Tiefe Stille war um mich her. In die hinein fiel herab der Schnee von den Bäumen, ein leises Knistern, und wieder Frieden. Dies unbeschreiblich süße Gewebe von Mondschein und zartschneeigem Äther, das mich umgab. Die Natur sprach mit mir und ich lauschte ihr zitternd selig. Leben.

Paula Modersohn-Becker

Gaben

Möge dein Herz sich in Dankbarkeit an manchen reichen Lebenstag erinnern. Mit den Jahren wachse jede Gabe, die Gott dir verliehen hat, um andere mit Freude zu erfüllen und glücklich zu machen. Wie du es auch tust: Gott lächelt dir zu.

Irischer Segenswunsch

Meine Seele war einem Zauber hingegeben

Ich lag unter dem Faulbaum. Meine Seele war ganz einem Zauber hingegeben. Ich blickte hinauf in seine Blätter. Die Sonne färbte sie leuchtend gelb. Und so standen sie auf ihren feinen roten Stielen und lachten auf zum Himmel.
Der war tiefblau mit einem weißen Wölklein. Diese Bläue stand gar lieblich zu dem Gelb der Blätter. Und es kam der Wind und spielte mit ihnen und wendete sie um, so dass ich ihre blanke Oberseite sah. Und er kam auch hernieder zu mir und brachte mir Arme voll süßen Duftes. Der Faulbaum blühte und das war das Schönste an ihm. Denn sein Geruch erfüllte die weichen Lüfte und legte sich auf mich traumhaft, leise, und sang vor meiner Seele ein Märlein von Zeiten, da ich noch nicht war und nicht mehr sein werde.

Paula Modersohn-Becker

Gottes Lob aus der Schöpfung

Lobe den Herrn, meine Seele! Herr, mein Gott, du bist herrlich und prächtig geschmückt. Licht ist dein Kleid, das du anhast; du breitest aus den Himmel wie einen Teppich; du verankerst deine Wohnung im Wasser; du fährst auf den Wolken wie auf einem Wagen und gehst auf den Flügeln des Windes; der du Winde zu deinen Engeln machst und Feuerflammen zu deinen Dienern; der du das Erdreich auf dem Boden gegründet hast, dass es immer und ewig bleibt.

Mit der Tiefe deckst du es wie mit einem Kleide, und Wasser standen über den Bergen. Aber von deinen Drohungen flohen sie, von deinem Donner fuhren sie dahin. Die Berge erhoben sich, und die Täler setzten sich herunter zum Ort, den du ihnen gegründet hast. Du hast eine Grenze gesetzt, darüber kommen sie nicht und dürfen nicht wieder das Erdreich bedecken.

Du lässt Brunnen quellen in den Gründen, dass die Wasser zwischen den Bergen hinfließen, dass alle Tiere auf dem Feld trinken und das Wild seinen Durst lösche. An denselben sitzen die Vögel des Himmels und singen unter den Zweigen. Du tränkst die Berge von oben; du machst das Land fruchtbar, du lässt Gras wachsen für das Vieh und Pflanzen für den Menschen, die er anbaut, damit er Brot aus der Erde gewinnt und damit der Wein das Herz des Menschen erfreue, dass seine Gestalt schön werde vom Öl und das Brot das Herz des Menschen stärke; damit die Bäume des Herrn voll Saft stehen, die Zedern im Libanon, die er gepflanzt hat. Dort nisten die Vögel, und die Reiher wohnen auf den Tannen. Die hohen Berge sind Zuflucht der Gemsen, und die Steinklüfte der Kaninchen.

Du hast den Mond gemacht, um das Jahr zu teilen; die Sonne weiß ihren Niedergang. Du machst die Finsternis, dass es Nacht wird; da regen sich alle wilden Tiere, die jungen Löwen, die brüllen nach dem Raub und ihre Speise suchen von Gott. Wenn aber die Sonne aufgeht, heben sie sich davon und legen sich in ihre Höhlen. So geht dann der Mensch aus an seine Arbeit und an sein Ackerwerk bis zum Abend.

Herr, wie groß und zahlreich sind deine Werke! Du hast sie alle weise geordnet, und die Erde ist voll von deinen Geschöpfen. Im Meer, das so groß und weit ist, wimmelt es ohne Zahl, von großen und kleinen Tieren. Dort ziehen die Schiffe; da sind Wale, die du gemacht hast, damit sie darin spielen.

Es wartet alles auf dich, dass du ihnen Speise gibst zur rechten Zeit. Wenn du ihnen gibst, so sammeln sie; wenn du deine Hand öffnest, so werden sie gesättigt. Verbirgst du dein Angesicht, so erschrecken sie; und nimmst du ihnen den Atem, so vergehen sie und werden wieder zu Staub. Du sendest deinen Geist aus, so werden sie erschaffen, und du erneuerst die Gestalt der Erde.

Die Ehre des Herrn ist ewig; der Herr hat Wohlgefallen an seinen Werken. Er schaut die Erde an, so bebt sie; er rührt die Berge an, so rauchen sie. Ich will dem Herrn singen mein Leben lang und meinen Gott loben, solange ich bin. Meine Rede möge ihm wohl gefallen. Ich freue mich am Herrn. Doch der Sünder möge von der Erde verschwinden, und die Gottlosen mögen nicht mehr sein. Lobe den Herrn, meine Seele! Halleluja!

Psalm 104

Ich werfe meine Freude

Ich werfe meine Freude
wie Vögel an den Himmel. Herr, ich werfe
meine Freude wie Vögel an den Himmel.
Die Nacht ist verflattert,
und ich freue mich am Licht.
Deine Sonne hat den Tau weggebrannt
vom Gras und von unseren Herzen.
Was da aus uns kommt, was da um uns ist
an diesem Morgen, das ist Dank.
Herr, ich bin fröhlich heute am Morgen.
Die Vögel und Engel singen,
und ich jubiliere auch.
Das All und unsere Herzen
sind offen für deine Gnade.
Ich fühle meinen Körper und danke.
Die Sonne brennt meine Haut, ich danke.
Das Meer rollt gegen den Strand, ich danke.
Die Gischt klatscht gegen unser Haus,
ich danke.
Herr, ich freue mich an der Schöpfung
und dass du dahinter bist und daneben
und davor und darüber und in uns.
Ich freue mich, Herr,
ich freue mich und freue mich.

Aus Westafrika

Achtsam den eigenen Weg gehen

Weg zum Leben

Wer in der Wahrheit ist, der erkennt einen Weg, wie sein Leben gelingt. Und er erfährt wahres Leben, ein Leben, das diesen Namen wirklich verdient. Ohne Christus lebt der Mensch in Unwissenheit. Er existiert nur, aber er lebt nicht wirklich. Jesus sagt nicht die Wahrheit, er ist die Wahrheit. In ihm offenbart sich Gott in seiner Liebe und Herrlichkeit. Man kann dieses Wort aber auch noch in anderer Weise verstehen. Jeder, der nach der Wahrheit sucht, der um die Wahrheit ringt, jeder, der sich nach einem gelingenden Leben sehnt, der erkennt in der Tiefe seines Herzens unbewusst schon Jesus Christus. Jesus ist die Erfüllung unserer Sehnsucht nach einem Weg, der uns zum Leben und zur Wahrheit führt.

Anselm Grün

Achtsam sein

An einem schönen Sommerabend erhob ein Grillchen seine Stimme und zirpte laut und anhaltend. Ein kleiner Knabe wurde aufmerksam, horchte ganz entzückt, legte den Finger an den Mund und mahnte einige Erwachsene, die plaudernd dasaßen: „Seid still, hört zu, hört zu – es schlägt eine Nachtigall." Man lachte ihn aus, und er schämte sich tief und bitterlich. Aber ein alter Mann trat zu ihm und tröstete ihn: „Lass sie lachen. Ich müsste weinen an dem Tage, an dem du eine Nachtigall singen hören und achselzuckend sagen würdest: ‚Es hat nur eine Grille gezirpt.'"

Marie von Ebner-Eschenbach

Gehe ruhig und gelassen

Gehe ruhig und gelassen inmitten von Lärm und Hast und sei des Friedens eingedenk, der in der Stille ist. So weit als möglich – ohne dich selbst aufzugeben – stehe in freundlicher Beziehung zu allen Wesen.

Äußere deine Wahrheit ruhig und klar und höre anderen zu, auch wenn sie langweilig und unwissend sind; auch sie haben ihre Geschichte.

Meide die Lauten und Streitsüchtigen, sie verwirren das Gemüt. Wenn du dich mit anderen vergleichst, könntest du hochmütig werden oder dir nichtig vorkommen, denn immer wird es jemanden geben, größer oder geringer als du.

Freue dich deiner eigenen Leistungen wie auch deiner Pläne. Bleibe weiter an deiner eigenen Laufbahn interessiert, wie bescheiden auch immer. Sie ist ein echter Besitz im Wandel der Zeit.

In deinen geschäftlichen Angelegenheiten lass Vorsicht walten; denn die Welt ist voller Betrüger. Aber dies soll dich nicht blind machen, denn Rechtschaffenheit ist auch vorhanden.

Viele Menschen ringen um hohe Ideale, und überall ist das Leben voller Heldentum. Sei du selbst, vor allen Dingen täusche keine falschen Gefühle vor. Noch sei zynisch, was die Liebe betrifft; denn trotz aller Öde und Enttäuschung verdorrt sie nicht, sondern wächst weiter wie das Gras. Höre freundlich und gelassen auf den Ratschlag des Alters, gib die Dinge der Jugend mit Anmut auf. Stärke die Kraft des Geistes, damit sie dich in plötzlich hereinbrechendem Unglück schütze. Aber beunruhige dich nicht mit Einbildungen. Viele Ängste sind Folge von Erschöpfung und Einsamkeit. Bei einem heilsamen Maß an Selbstdisziplin sei gut zu dir selbst.

Du bist ein Kind des Universums, nicht geringer als die Bäume und die Sterne, du hast ein Recht, hier zu sein. Und ob es dir nun bewusst ist oder nicht: Zweifellos entfaltet sich das Universum wie vorgesehen.

Darum lebe in Frieden mit Gott, was für eine Vorstellung du auch von Ihm hast und was auch immer dein Mühen und Sehnen in der lärmenden Wirrnis des Lebens ist, bewahre den Frieden in deiner Seele. Trotz all ihrem Schein, der Plackereien und der zerbrochenen Träume ist diese Welt doch wunderschön. Sei vorsichtig. Strebe danach, glücklich zu sein.

Desiderata

Ein neuer Weg

Manchmal müssen wir
weite Wege gehen,
Berge bezwingen,
Täler durchwandern,
Tiefen ertragen,
Nächte aushalten,
Dunkelheit durchwachen,
Einsamkeit erdulden,
bis sich vor uns
wieder ein Weg auftut,
der unsere Schritte
leicht werden lässt:
Ein Weg, der uns eines Tages
mit so viel Hoffnung beseelt,
dass wir spüren:
Die schlimmste Zeit
ist nun durchgestanden.

Jetzt dürfen wir gewiss sein,
dass wir die Brücke
endlich erreichen dürfen,
die uns hinüberführt
in das Land, von dem wir
schon so lange träumen,
in dem auch für uns
Milch und Honig fließen
in unbegrenzter und
sättigender Fülle.

Christa Spilling-Nöker

Friedensgebet

Oh Herr, mach mich zu einem Werkzeug
deines Friedens,
dass ich Liebe übe, wo man sich hasst,
dass ich verzeihe, wo man sich beleidigt,
dass ich verbinde, da, wo Streit ist,
dass ich die Wahrheit sage, wo der Irrtum herrscht,
dass ich den Glaube bringe, wo der Zweifel drückt,
dass ich die Hoffnung wecke, wo Verzweiflung quält,
dass ich ein Licht anzünde, wo die Finsternis regiert,
dass ich Freude mache, wo der Kummer wohnt.

Herr, lass mich trachten:
nicht, dass ich getröstet werde,
sondern dass ich tröste;
nicht, dass ich verstanden werde,
sondern dass ich verstehe;
nicht, dass ich geliebt werde, sondern dass ich liebe.

Denn wer da hingibt, der empfängt:
Wer sich selbst vergisst, der findet;
wer verzeiht, dem wird verziehen;
und wer stirbt, erwacht zum ewigen Leben.

Dem heiligen Franziskus zugeschrieben

Du gehörst dir

Du gehörst dir.
Dir gehört die Zeit.
Deine Energie gehört dir.
Du verfügst über deine Begabungen.
Du kannst sie festhalten
oder sie dir wegnehmen lassen.
Du kannst sie weggeben
oder sie in dir vergraben.
Du kannst bewusst mit dem umgehen,
was du besitzt,
oder du kannst dir dein Leben
durch die Hände rinnen lassen.
Es ist deine Entscheidung.
Wenn du dich nicht entscheidest,
werden andere die Entscheidung für dich treffen,
und du wirst langsam und fast unmerklich
alles verlieren, was du kaum besessen hast,
und immer ärmer werden.
Entscheiden heißt wach werden
und wach werden heißt entscheiden.

Ulrich Schaffer

Mehr als drei Wünsche

Ich wünsche dir nicht
ein Leben ohne Mühe
und ohne Herausforderung.

Aber ich wünsche dir,
dass deine Arbeit
nicht ins Leere geht.
Ich wünsche dir
die Kraft der Hände
und des Herzens.

Und ich wünsche dir,
mit einem alten Wort
wünsche ich es,
dem Wort „Segen":
dass hinter deinem Pflug
Frucht wächst,
Brot für Leib und Seele,
und dass zwischen den Halmen
die Blumen nicht fehlen.

Denn wie der Mensch
nicht vom Brot allein lebt,
so wächst auch das Brot
nicht durch den Menschen allein,
sondern durch den Segen dessen,
dem das Feld und die Saat gehören.

Das Brot wächst durch die Kraft dessen,
dem die Erde dient
und der Himmel,
die Sonne und der Regen.

Dass in deiner Kraft
seine Kraft ist,
das vor allem,
das wünsche ich dir.

Jörg Zink

Quellenverzeichnis

Dietrich Bonhoeffer Gemeinsames Leben/Das Gebetbuch der Bibel, ©1993, Gütersloher Verlagshaus, Gütersloh, in der Verlagsgruppe Random House GmbH

Anselm Grün Weg zum Leben, ©beim Autor

Anselm Grün Trotz den Stürmen des Lebens vertrauen (redaktioneller Titel), aus: ders., Jesus – Weg zur Freiheit. Das Evangelium nach Markus, Kreuz Verlag, Stuttgart 2003, S.204, mit freundlicher Genehmigung von Verlag Herder GmbH

Anselm Grün/Wunibald Müller Was ist die Seele?, ©2008, Kösel-Verlag, München, in der Verlagsgruppe Random House GmbH

Petra Kummermehr Vertraue dem Leben, ©2014, Verlag Ernst Kaufmann, Lahr

Ulrich Schaffer Weil du dein Leben entscheidest, ©1997, Verlag Ernst Kaufmann, Lahr

Andrea Schwarz Ich mag Gänseblümchen, Verlag Herder, Freiburg 2009, S.8–12 (Auszug), mit freundlicher Genehmigung von Verlag Herder GmbH

Christa Spilling-Nöker Manchmal müssen wir, aus: dies., Eine Brücke aus Licht, ©2009 Verlag am Eschbach der Schwabenverlag AG, Eschbach/Markgräflerland

Pierre Stutz Der Stimme des Herzens folgen, Verlag Herder, Freiburg 2008, S.19.32f., mit freundlicher Genehmigung von Verlag Herder GmbH

Katja Süß Geliebt, ©bei der Autorin

Jörg Zink Wer glaubt, kann vertrauen, ©2006, Gütersloher Verlagshaus, Gütersloh, in der Verlagsgruppe Random House GmbH

Jörg Zink Gotteswahrnehmung, ©2009, Gütersloher Verlagshaus, Gütersloh, in der Verlagsgruppe Random House GmbH

Jörg Zink Was Christen glauben, ©2014, Gütersloher Verlagshaus, Gütersloh, in der Verlagsgruppe Random House GmbH

Jörg Zink Mehr als drei Wünsche (redaktioneller Titel), aus: ders., Mehr als drei Wünsche, Kreuz Verlag, Stuttgart 2008, S.9f., mit freundlicher Genehmigung von Verlag Herder GmbH